Maman, raconte-nous ton histoire !

Pour maman adorée, de la part de :

....

....

....

Sommaire

Ma maman

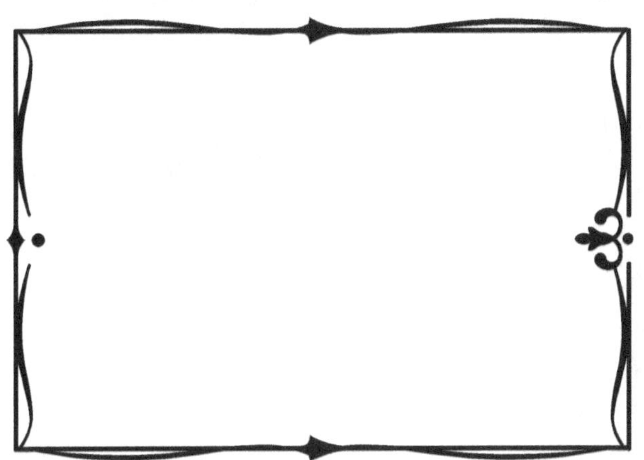

Ma Maman est née le ………………… à …………………

Elle s'appelle …………………………

Elle a ……… enfants, ……… petits-enfants et ……… arrière-petits-enfants.

Notre plus belle photo

Ton arbre généalogique

Tes parents et grands-parents

Parle-moi de tes parents : Quels métiers exerçaient-ils ? Jeunes, comment étaient-ils ?

 **Ta maman :**

Ton papa :

Où était votre première maison ? Comment était-elle ?
Et ta chambre ?

Est-ce que vous partiez en vacances parfois ?

As-tu une photo de tes parents jeunes ?

Et tes grands-parents, les as-tu connus ? Parle-moi un peu d'eux aussi. Quel est ton plus beau souvenir avec eux ?

Ton enfance

Comment était ton école ?

Est-ce que tu travaillais bien ?

Comment s'appelaient tes maîtres(ses) ? Qui préférais-tu ? Pourquoi ?

....

....

....

....

....

....

....

....

Quelle était ta matière préférée ? Pourquoi ?

....

....

....

....

....

....

Comment s'appelaient tes camarades d'école ?
Qui était ton/ta meilleur(e) ami(e)?

- ....
- ....
- ....
- ....
- ....

- ....
- ....
- ....
- ....
- ....

Dans la cour de récréation, à quoi jouiez-vous ?

Quand tu faisais des bêtises, si tu en faisais, quelles étaient les punitions ?

Comment allais-tu à l'école ? À pied, à vélo, en voiture ...

Quand tu étais petite, que voulais-tu faire une fois "grande" ?

....
....
....
....
....
....
....

Quels étaient tes jeux et jouets préférés ?

- ....
- ....
- ....

Tu étais une enfant plutôt ...

....
....
....

Une photo de toi enfant

Ta vie d'adulte

Quel a été ton premier travail ? Qu'y faisais-tu ?
Est-ce que cela te plaisait ?

As-tu eu d'autres expériences ?

Quels sont tes loisirs ? Qu'aimes-tu faire ?

Une photo de toi qui t'amuse

As-tu voyagé ? Où es-tu allée ?

Quel moments ayant fait l'histoire t'ont le plus marquée ?

Raconte-moi ta rencontre avec papa :

Parle-moi de lui …

De quelle manière t'a-t-il demandée en mariage ?

Décris-moi votre mariage :

Êtes-vous partis en voyage de noces ou en lune de miel ?

Quand avez-vous décidé d'avoir des enfants ?

Quel est ton plus beau souvenir avec Papa ?

Quelle a été votre plus grosse dispute ?

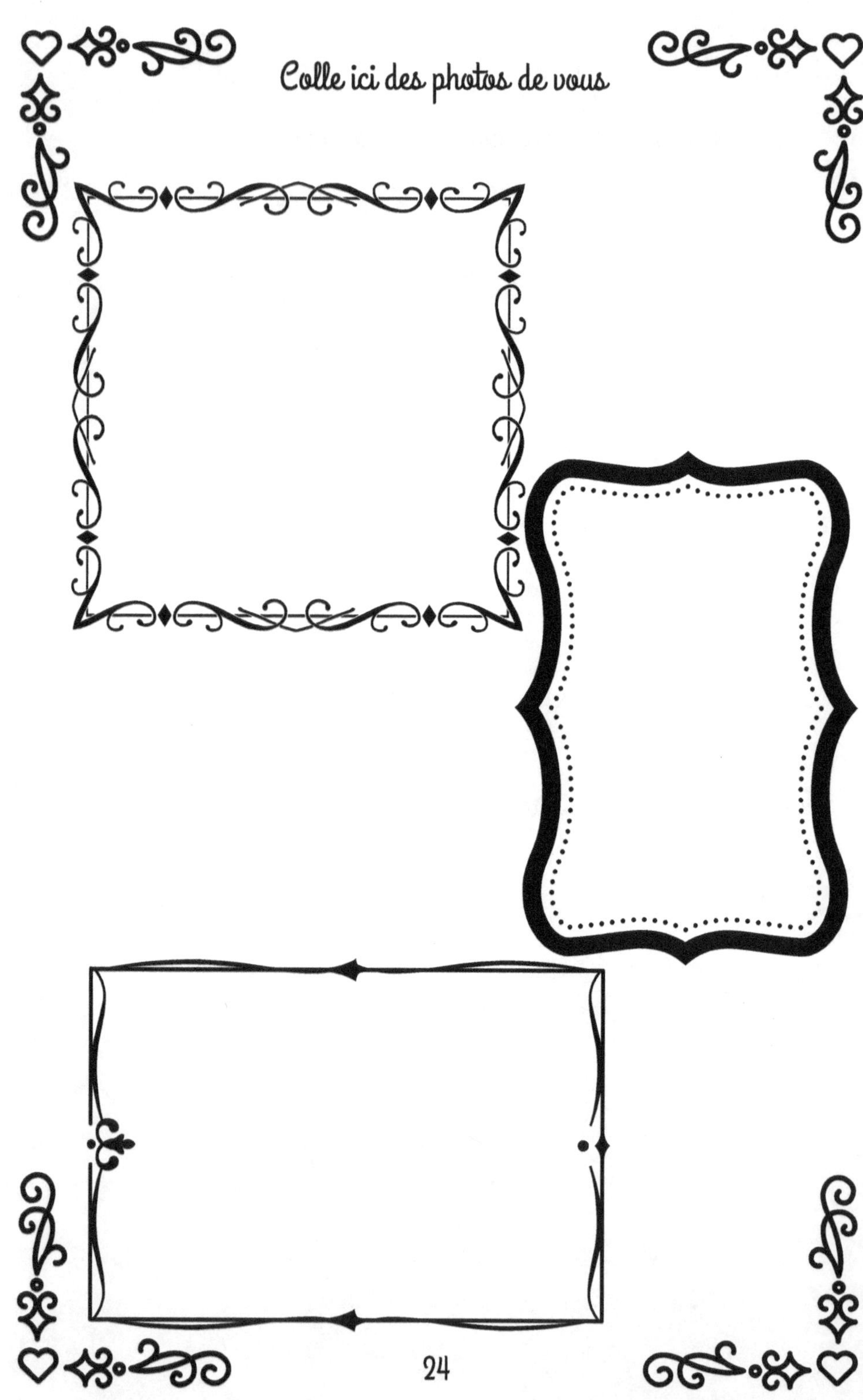
Colle ici des photos de vous

Ta vie de maman

Comment as-tu réagi quand tu as su que tu étais enceinte ?
Comment l'as-tu annoncé à Papa ?

Comment s'est(se sont) passé(s) ton(tes) accouchement(s) ?
Est-ce que Papa était auprès de toi ?

Est-ce que tu avais beaucoup de temps pour t'occuper de moi(nous) bébé(s) ?

Et Papa, comment s'occupait-il de moi(nous) petit(e)(s) ?

Qu'aimais-tu faire avec moi(nous) petit(e)(s) ?

....

....

....

....

....

....

....

....

....

Combien vouliez-vous d'enfants ? Pourquoi ?

....

....

....

....

....

....

....

....

Comment avez-vous choisi le(les) prénom(s) ?

....
....
....
....
....
....
....
....

Quels étaient ceux que vous préfériez ?

- ....
- ....
- ....
- ....
- ....
- ....

- ....
- ....
- ....
- ....
- ....
- ....

Quelle a été la plus grosse bêtise faite par moi(nous) ?

Quelle a été ta réaction ? Et celle de Papa ?

Et qu'est-ce qui t'énerve le plus ?

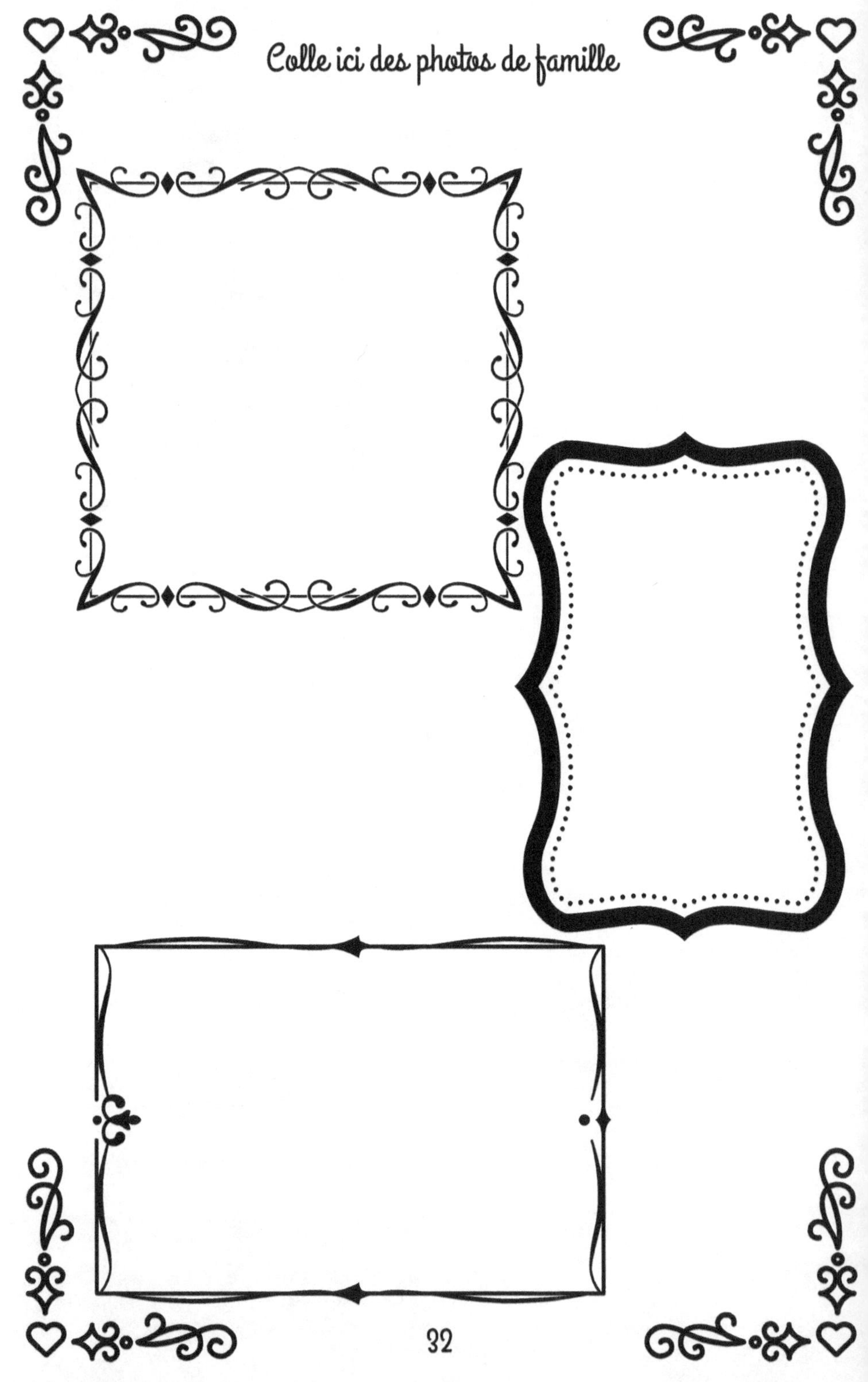
Colle ici des photos de famille

Ta vie de Grand-Mère

À quel âge es-tu devenue grand-mère ?

Qu'as-tu ressenti ?

À quoi joues-tu avec ton(tes) petit(s)-enfant(s) ?
Joues-tu aux mêmes jeux qu'avec moi(nous) ?

Que préfères-tu faire quand tu es avec ton(tes)
petit(s)-enfant(s) ?

Il paraît que tu donnes trop de gâteaux et de bonbons
à ton(tes) petit(s) enfant(s)…
C'est vrai ?

Parfois je t'entends dire que ton(tes) petit(s)-enfant(s)
te fatigue(ent)… C'est vrai ?

Quand tu étais petite, faisais-tu les mêmes bêtises que ton(tes) petit(s)-enfant(s) ?

Tu aimes ton(tes) petit(s)-enfant(s) grand comment ?

Y-a-t-il des choses que ton(tes) petit(s)-enfant(s)
peut(peuvent) faire et pour lesquelles tu disais
non à tes enfants ?

Quel est ton plus beau souvenir avec ton(tes) petit(s)-
enfant(s) ?

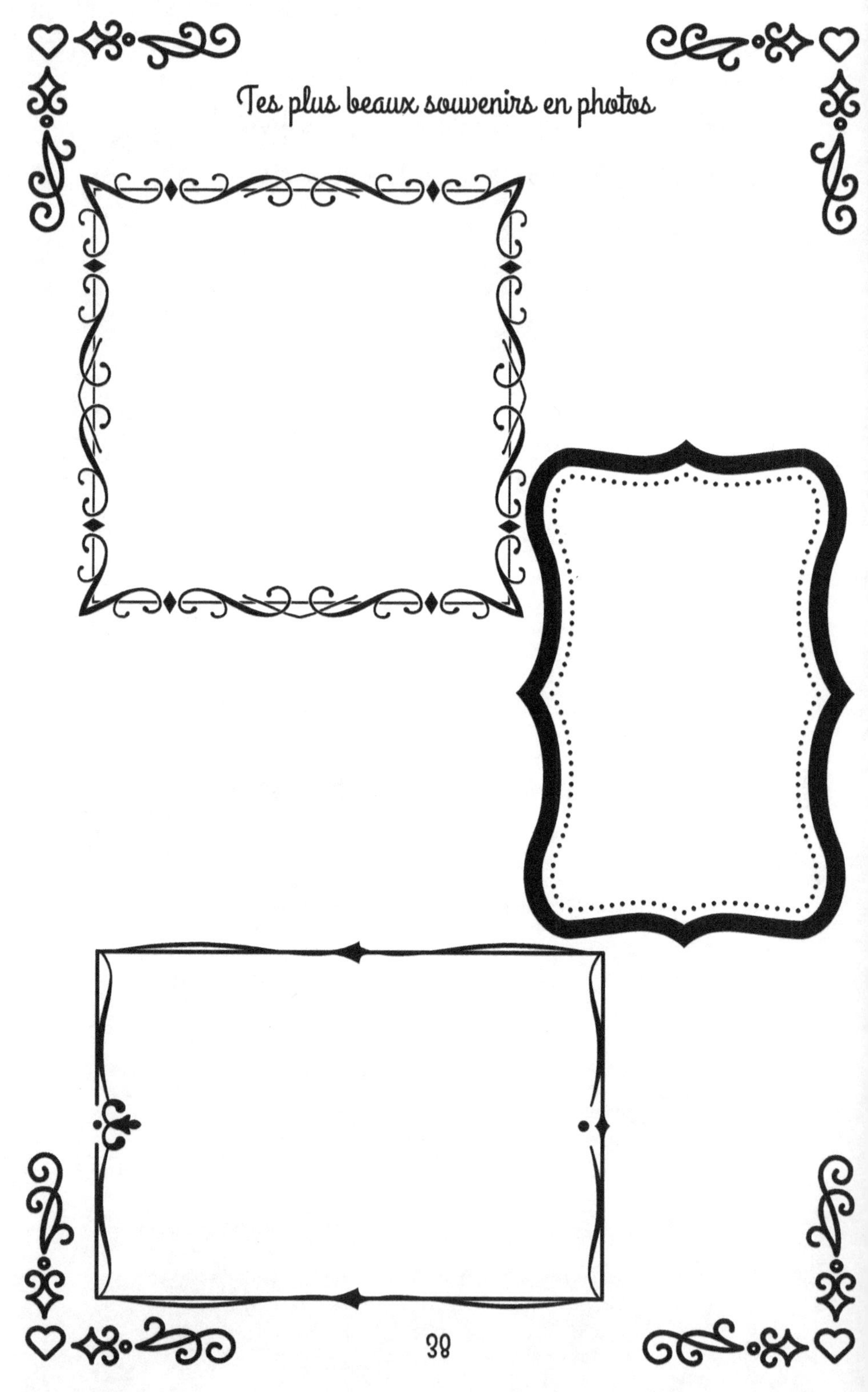

Tes plus beaux souvenirs en photos

Ta vie toute entière

Quels sont tes plus beaux moments ? Et les plus difficiles ?

As-tu réalisé tes rêves ? Lesquels ?

dream

Qu'aimes-tu le plus dans ta vie ?

Quelles sont tes plus grandes peurs ?

Penses-tu que ta vie est bien remplie ?
De quoi es-tu la plus fière ?

Y-a-t-il d'autres choses que tu aimerais faire ?

Quels conseils peux-tu me(nous) donner pour être heureux ?

Ton portrait chinois

Si j'étais une fleur, je serais…

Si j'étais un animal , je serais…
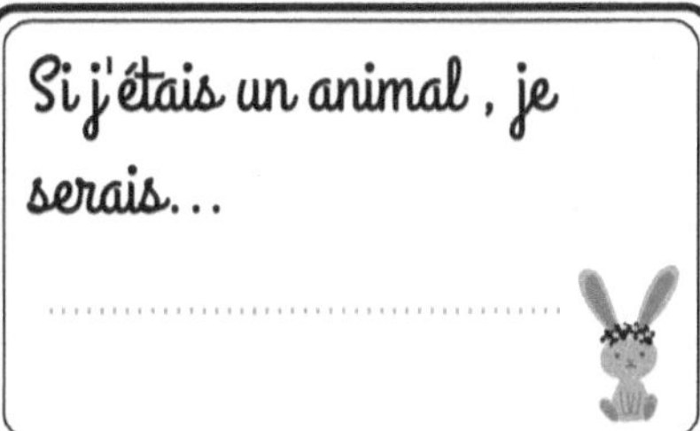

Si j'étais une chanson, je serais…

Si j'étais une citation, je serais…

Si j'étais un film ou une série, je serais…

Si j'étais une couleur, je serais…

Ton portrait chinois

Si j'étais un objet, je serais…

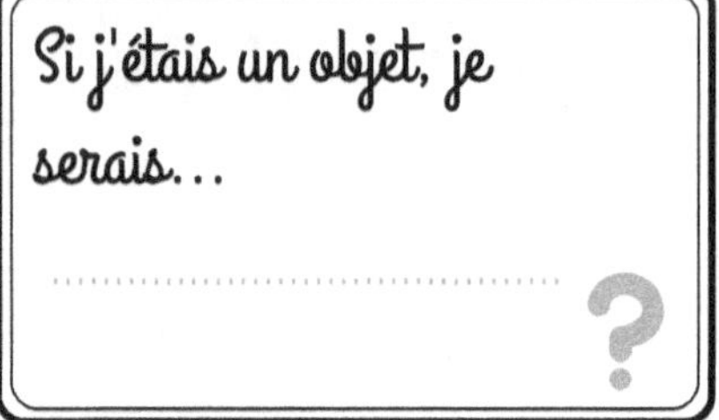

Si j'étais un plat , je serais…

Si j'étais un pays, je serais…

Si j'étais un livre, je serais…

Si j'étais un héros, je serais…

Si j'étais un bonbon, je serais…

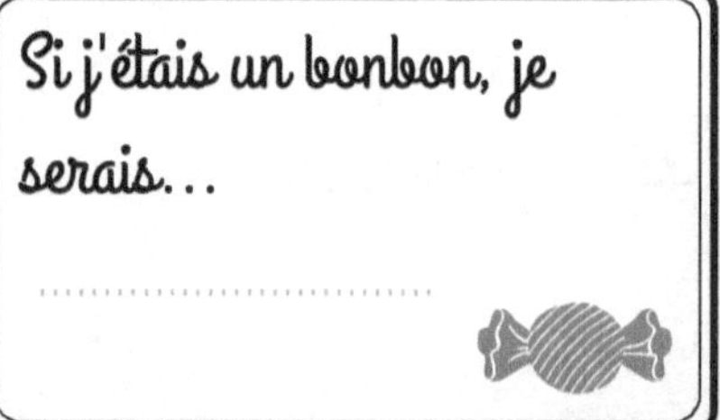

Ton acrostiche

Note ici de haut en bas en majuscule et à la verticale les lettres de ton prénom. Trouve ensuite pour chacune des lettres un mot ou un adjectif qui te définit.

On voulait aussi savoir...

Ta vie en photos